petit tom
et le code de la route

écrit par Alain Grée
imagé par Gérard Grée

Pour Papa et Maman

Petit Tom vous invite à jouer avec vos enfants. Laissez-les réagir spontanément à l'écoute du texte lu par vous pendant qu'ils observent les images. S'ils commencent à lire, ils pourront s'exercer au déchiffrage des pages qui auront éveillé plus particulièrement leur curiosité. Le texte en est écrit dans une langue adaptée tant à leurs capacités d'élocution qu'au degré de leur apprentissage, et dans le souci de toujours stimuler la découverte du sens caché sous les signes

CASTERMAN

ISBN 2-203-12113-0
H

Petit Tom et Véronique adorent les visites de l'oncle Nicolas. Il connaît mille choses extraordinaires et ne manque jamais, à son arrivée, de déposer quelques cadeaux dans la chambre des enfants. Aujourd'hui, le paquet contient une nouvelle voiture de course et des panneaux routiers pour leur circuit miniature.

– Regarde ! s'écrie Véronique. Je ne connais pas ce signal. Que veut-il dire ?

Petit Tom arrête son bolide rouge.

– C'est curieux, je ne l'ai jamais vu non plus. Peut-être s'agit-il d'un nouveau panneau ?

– Demandons à l'oncle Nicolas ! Il connaît tous les secrets du code de la route...

P
2

L'AUTOMOBILE ET LA CHAUSSÉE

L'oncle Nicolas entraîne Petit Tom et Véronique vers sa voiture.
– Le code de la route, explique-t-il, est un règlement imposé aux automobilistes dans le but de faciliter la circulation et d'éviter les accidents.
– C'est passionnant, oncle Nicolas. S'il te plaît, continue à nous en parler ! J'aimerais tellement savoir conduire une voiture...
– Il faut d'abord connaître à fond ses accessoires. C'est très important.
– Les essuie-glaces pour les jours de pluie, les phares pour la nuit, les clignotants pour changer de direction...
– Exactement : ensuite, le conducteur doit être attentif à la chaussée. C'est la partie de la route utilisée pour la circulation; elle est divisée en voies par des lignes continues, c'est-à-dire formées d'un seul trait, ou discontinues, c'est-à-dire composées d'une suite de traits plus courts.

clignotant
feu stop
feu rouge
plaque d' immatriculation
pneu en bon état
éclairage de plaque d' immatriculation
plaque de nationalité
dispositif réfléchissant
pare-chocs
29 29
BN 92
F

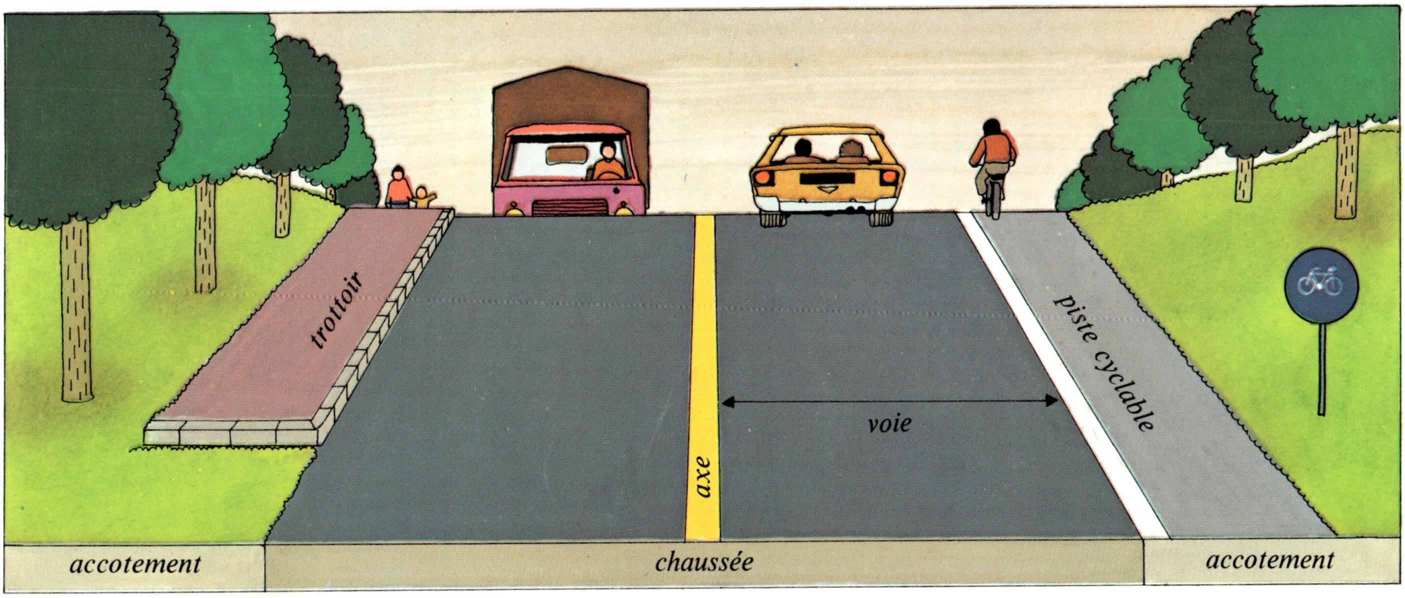
trottoir
piste cyclable
voie
axe
accotement
chaussée
accotement

LA CONDUITE AUTOMOBILE

– On va faire un tour, oncle Nicolas ?
– Si vous voulez. Le temps de mettre nos ceintures de sécurité... Voilà !
– Vas-y, démarre en trombe !
– Holà, doucement ! Avant de démarrer, il faut s'assurer qu'en pénétrant sur la chaussée on ne risque pas de gêner la circulation des autres véhicules. Ensuite, rouler à droite, en observant bien les panneaux de signalisation. Ils peuvent limiter la vitesse, interdire le dépassement ou avertir d'un danger proche. Et puis, la prochaine fois, laissez vos petits animaux à la maison : ils risquent de gêner ou distraire le conducteur.

LES MARQUES SUR LA CHAUSSÉE

Les lignes peintes sur la chaussée indiquent aux conducteurs s'il leur est permis ou non de quitter, surtout pour dépasser, la voie où ils circulent. On ne peut franchir sous aucun prétexte une ligne continue, car elle est généralement placée à un endroit – virage ou sommet d'une côte – où le conducteur ne voit pas assez loin devant lui pour déboîter sans risquer une collision très grave.

LIGNE
DISCONTINUE

Il est permis de la franchir ou de la chevaucher pour dépasser.

POINTILLÉS

Très courts, annoncent une ligne continue. Les franchir avec précaution.

LIGNES
ACCOLÉES

Ne peuvent être franchies si les traits discontinus se trouvent à gauche de la ligne continue.

LIGNE
CONTINUE

Il est interdit formellement de la franchir ou de la chevaucher.

1

Avant de dépasser, s'assurer que la route est dégagée et le dépassement autorisé.

2

Vérifier dans le rétroviseur qu'aucun véhicule n'a déboîté pour vous dépasser.

4

Avertir (avertisseur sonore le jour, appel de phares la nuit); déboîter en accélérant.

5

Dépasser rapidement pour ne pas encombrer la partie gauche de la chaussée.

3

Mettre son clignotant à gauche pour signaler que l'on s'apprête à dépasser.

6

Mettre son clignotant à droite et se rabattre sans gêner le véhicule dépassé.

COMMENT DÉPASSER ?

– Rien de plus facile ! déclare Véronique avec assurance. Il suffit d'accélérer, puis de passer... Hop ! ça y est !
– Sur un circuit miniature, oui, sourit l'oncle Nicolas. Mais sur la route, c'est une autre affaire, beaucoup plus compliquée. Le dépassement est la plus dangereuse des manœuvres : il faut donc la préparer avec le plus grand soin.
– S'assurer que la route est dégagée devant soi, qu'à l'arrière aucun véhicule n'a déboîté pour vous dépasser et que la voiture que vous vous apprêtez à doubler ne va pas tourner à gauche...
– Bien, Petit Tom ! Ajoute qu'il faut toujours être attentif aux panneaux et aux marques sur la chaussée...
– Décidément, c'est trop difficile ! Jamais je ne conduirai une voiture ! soupire Véronique, déçue.

Vous n'avez pas la priorité; cédez le passage.

Vous devez vous arrêter et céder le passage.

Nouveau panneau, même règle que le précédent.

Annonce un signal « stop ».

LES CARREFOURS

Il faut aborder avec prudence les carrefours, car ils sont dangereux. C'est pourquoi on a créé, à leur approche, une importante signalisation basée sur l'idée de "priorité". Le conducteur qui ne respecte pas la priorité commet une infraction très grave.

Priorité aux véhicules venant de la droite.

Passage protégé : vous avez la priorité.

LA SIGNALISATION LUMINEUSE

– Attention, oncle Nicolas, le feu passe à l'orange ! remarque Véronique. Accélère, tu as le temps !
– Non, Véronique, le feu orange est un signal d'arrêt. Je ne peux le franchir que si j'en suis trop près pour avoir le temps de freiner sans risquer de surprendre les conducteurs qui me suivent et de me faire accrocher à l'arrière !...
– Le feu est rouge ! On ne passe plus !
– Très bien !... Les feux tricolores sont bien utiles : nuit et jour, ils règlent automatiquement la circulation. Grâce à eux, nous franchissons les carrefours dans les meilleures conditions de sécurité.

LE STATIONNEMENT EN VILLE

– Nous voici de retour, les enfants! La promenade est terminée.
– Merci, oncle Nicolas. C'était formidable. Tiens, tu peux garer au coin...
– C'est interdit. Tu sais, le stationnement aussi est réglementé...

1. *le stationnement est interdit en double file;*
2. *sur une chaussée à 2 voies séparées par une ligne continue;*
3. *à moins de 5 mètres d'un croisement de rues;*
4. *devant l'entrée d'un garage;*
5. *devant un arrêt d'autobus ou une station de taxis;*
6. *lorsque l'interdiction est signalée par un panneau;*
7. *le long des trottoirs peints en rouge et blanc;*
8. *sur les passages pour piétons.*

LA SIGNALISATION ROUTIÈRE

Avant de quitter Petit Tom et Véronique, l'oncle Nicolas les a gâtés encore une fois en leur offrant un nouveau cadeau : une pochette contenant un modèle réduit des principaux signaux routiers.

– Regarde ce panneau-là : je le reconnais ! Il signale un passage à niveau avec barrière !
– Celui-ci annonce un virage dangereux !
Petit Tom pourtant est soucieux :
– Et le panneau de notre circuit ?
– Le voilà ! Il signale qu'on roule sur une chaussée à sens unique !

entrée d'autoroute
passage à niveau sans barrière
interdiction de tourner à gauche
3,5 m
hauteur limitée
danger quelconque ralentir
cul-de-sac
chaussée glissante
route à priorité
hôpital

Depuis leur promenade en voiture avec l'oncle Nicolas, Petit Tom et Véronique connaissent mieux le code de la route. Ils savent qu'en facilitant la circulation et en limitant les risques d'accidents il veille à la sécurité de tous, conducteurs et piétons. Aussi, dans la rue, ils s'appliquent à bien observer ses règles. A la maison, leur plus grand plaisir maintenant est de jouer au jeu des priorités avec leurs petites voitures. Si vous avez regardé avec attention les panneaux des carrefours, vous devez pouvoir les aider à... régler la circulation ! Bonne chance !

les bons conseils de Petit Tom et Véronique

Sur le trottoir, marchez le long des maisons.

Traversez la rue quand le feu le permet.

Avant de traverser, regardez à gauche puis à droite.

Sur le trottoir, prenez garde aux sorties de garage.

Marchez sur la bordure gauche de la chaussée.

Imprimé en Belgique par Casterman, s.a., Tournai, novembre 1984. N° édit-impr. 2896. Dépôt légal : 2e trimestre 1973 ; D. 1978/0053/97.
Déposé au Ministère de la Justice, Paris (loi n° 49.956 du 16 juillet 1949 sur les publications destinées à la jeunesse).